Dürer Als Wissenschaftler. Rezeption vom 18. bis zum 20. Jahrhundert

Black A. Smith

GRIN

Bibliografische Information der Deutschen Nationalbibliothek:

Die Deutsche Nationalbibliothek verzeichnet diese Publikation in der Deutschen Nationalbibliografie; detaillierte bibliografische Daten sind im Internet über http://dnb.d-nb.de abrufbar.

ISBN: 9783346492517
Dieses Buch ist auch als E-Book erhältlich.

Nymphenburger Straße 86
80636 München

Druck und Bindung: Books on Demand GmbH, Norderstedt Germany
Gedruckt auf säurefreiem Papier aus verantwortungsvollen Quellen

Das Buch bei GRIN: https://www.grin.com/document/1128990

Universität Osnabrück
Institut für Kulturgeschichte der Frühen Neuzeit
Hausarbeit im Seminar: Cranach – Dürer
WiSe 2020/2021
Eingereicht am 31.03.2021

Dürer Als Wissenschaftler - Rezeption vom 18. Bis zum 20. Jahrhundert

2. FS MA English and American Studies

Inhaltsverzeichnis

1. Einführung

Die Renaissance in der Geschichte der europäischen Kultur wechselte die Kultur des Mittelalters ab. Eine Besonderheit der Renaissance ist die weltliche Natur dieser Kultur und vor allem ihr Interesse an den Menschen und deren Aktivitäten. Es zeigt sich in dieser Epoche das Interesse an der antiken Kultur. Die Kunst von Albrecht Dürer ist mehr als fünf Jahrhunderte alt, aber seine Werke verlieren bis heute nicht an Bedeutung. Albrecht Dürer wird überwiegend als Künstler und Mensch mit einem Erfindergeist betrachtet und auf diese Weise in der Kunstgeschichte behandelt. Es lohnt sich jedoch, auf seine Vielseitigkeit und seine Erfolge als Wissenschaftler zu schauen und sich ebenfalls daran zu erinnern, dass es zu unterschiedlichen Epochen auch unterschiedliche Rezeptionen von den Künstlern geben kann. Da dieser Bereich seines Lebens nur sehr wenig behandelt und untersucht wurde, kann man nur davon profitieren, wenn man seinem wissenschaftlichen Denken Beachtung schenkt, und auf diese Weise seine künstlerische Seite besser zu verstehen lernt.

Albrecht Dürer war nicht nur ein großer Künstler, sondern auch ein vielseitiger Wissenschaftler, der viele dringende Probleme der zeitgenössischen Wissenschaft untersuchte. Er war ein Zeichner, „Maler, Kupferstecher, Bildhauer Architekt und erfand außerdem ein System der Fortifikation“[1]

> Humanist, Wissenschaftler [...] der erste Künstler in Deutschland, der [...] Mathematik und Mechanik, [...] studier[te]. Er war der erste in Deutschland, der versuchte, seine wissenschaftlichen Kenntnisse auf dem Gebiet der Perspektive und Proportionen in der Kunst anzuwenden.[2]

Er studierte Geometrie, Perspektiventheorie, Kartographie, Astronomie und entwarf Instrumente für wissenschaftliche Experimente. „[E]r war der einzige deutsche Künstler des 16. Jahrhunderts, der ein literarisches Erbe hinterließ.“ Dürer war einer der ersten Künstler Nordeuropas, der sich mit Kunsttheorie beschäftigt hat. Er hat Werke zu Mathematik, Numerologie und Anthropometrie, Handbücher für Künstler sowie detaillierte Stern- und Geokarten geschrieben. All dies spiegelte sich natürlich in seiner Arbeit und der Kunst wider, in der er sich als Denker zum Ausdruck brachte und

[1] Engels, Friedrich: Albrecht Dürer in: Michail Lipschitz (Hg.): Karl Marx, Friedrich Engels über Kunst und Literatur. Berlin 1953, S173

[2] Kislykh, Galina: Albrecht Dürer Und Seine Druckgraphiken. http://germanprints.ru/articles/durer_and_prints/index.php?lang=de. Last access 15.03.2020

nur das darstellte, was er durchdacht und verstanden hatte. In der Wissenschaft suchte er nach Antworten auf Fragen, die sich aus seinem Wunsch ergaben, die Gesetze der Harmonie der Welt um ihn herum zu verstehen. Diese Gesetze zu verstehen war ihm sowohl in der Rolle eines professionellen Künstlers als auch in der eines kreativen Vertreters des Humanismus der deutschen Renaissance wichtig.

Das Ziel dieser Arbeit ist die Untersuchung der intellektuellen und wissenschaftlichen Aktivitäten von Albrecht Dürer währen der Renaissance, die ihm dazu dienten neues Wissen zu erlangen und dies anzuwenden, um eine Vielfalt an Problemen in der darstellenden Kunst lösen zu können. Des Weitern wird in dieser Hausarbeit darauf abgezielt Albrecht Dürer als Künstler und Wissenschaftler zu deuten.

Die Analyse wird anhand der Rezeptionen von Dürer durch Erasmus von Rotterdam im sechzehnten Jahrhundert, über Doppelmayrs Mathematicis im achzehnten Jahrhundert, über Friedrich Engels theoretische Naturwissenschaft, Michel Chasles Geometrie, Cantors Mathematik und Panofsky im neunzehnten Jahrhundert, über Zeuthens *Mathematik im Altertum und Mittelalter*, Leonardo Olschki, Vernadskys Werke zur allgemeinen Wissenschaftsgeschichte und Matvievskayas Analyse von Dürer als Wissenschaftler. Diese schriftliche Kursleistung wird dies anhand von Darstellung der Rezeption des Künstlers in den oben genannten Zeiträumen offenlegen. Ebenfalls wird erwartet, dass dadurch die Aktualität von Dürers Werken und seiner wissenschaftlichen Beiträge bis in die heutige Zeit, deutlich gemacht wird.

2. Albrecht Dürer

An der Wende vom vierzehnten zum fünfzehnten Jahrhundert war Deutschland noch stärker fragmentiert als in früheren Epochen, was zur stärkeren Beständigkeit der in der Kultur enthaltenen feudalen Grundlagen beitrug. Die deutsche Renaissance kam etwa ein halbes bis ein ganzes Jahrhundert später zum Vorschein als die italienische Renaissance, und die Entwicklung deutscher Städte, was die Kultur angeht, blieb sogar im Vergleich zu den Niederlanden zurück. „Diese bewunderungswürdige, bahnbrechende Entwickelung Italiens zeigt sich namentlich in Deutschland, erst ein halbes Jahrhundert später“[3] und „Renaissanceformen wurden im Norden erst ein Jahrhundert später als

[3] Tuckermann, Wilhelm: Die Gartenkunst der italienischen Renaissance-Zeit. Berlin 1884, S 69

in Italien, nämlich seit dem frühen 16. Jahrhundert, und nur sehr zögerlich aufgenommen. [...] in einigen Regionen wurde die Renaissance niemals wirklich heimisch“.[4]

Dürer war einer der Künstler, die ein besonderes Schicksal hatten. Diese Epoche, der nördlichen Renaissance, in der er Werke vollbracht hat, war zur gleichen Zeit sehr reich an Entwicklungsmöglichkeiten um sein Talent blühen zu lassen und stellte auch viele Hürden zu überwinden. Es war aber auch schwierig, weil die Jahre seines Lebens mit einer angespannten und turbulenten Zeit in der Geschichte seiner Heimat zusammenfielen. Zu dieser Zeit gab es in Deutschland eine Explosion von sozialen Protesten, für die es in Europa keine vergleichbaren Beispiele bis dahin gab. Diese Proteste umfassten verschiedene Schichten der Gesellschaft. Es waren Proteste gegen die veraltete feudale Lebensweise, gegen eine solche Form menschlicher Beziehungen, die einen enormen Druck auf Menschen ausübte und die Freiheit ihrer Aktivitäten in verschiedenen Bereichen der gesellschaftlichen, sozialen und spirituellen Existenz eingeengt hat.[5] Diese Proteste fanden ebenfalls Ausdruck im Kampf für Erneuerung der Kirchenstruktur, Reformierung der Religion, Schaffung eines einheitlichen deutschen Staates und für die Befreiung des Menschen vom mittelalterlichen Denken. Diese Reformation trug zum Aufstieg aller progressiven Kräfte im Land und gleichzeitig zu einem Aufblühen der Kunst bei. Italien und vor allem der italienische Humanismus hatten großen Einfluss auf die Entwicklung der Kultur in Deutschland.[6]

Die Ära der berühmten Bauernkriege und der Reformation blieb in Erinnerung der nachfolgenden Generationen als die ausdrucksvollste, heldenhafteste und zugleich tragischste Seite in der Geschichte Deutschlands. Der tiefe Schock, der das deutsche Volk zu dieser Zeit erfasste, schärfte und konzentrierte die kreativen Kräfte der Künstler und Denker in Deutschland bis an ihre Grenzen. Der Abdruck dieser Spannung lag auf allen Erscheinungsformen des spirituellen Lebens. Es war der Druck der dringenden Notwendigkeit, Antworten auf eine breite Vielfalt von Fragen zu finden – Fragen die sich im Kopf einer Person stellten, deren uralte Lebensgrundlagen und Werte im Wirbel der blutigen Ereignisse auseinandervielen.

---

[4] Bartetzky, Arnold: Die Baumeister der "Deutschen Renaissance": ein Mythos der Kunstgeschichte? Markkleeberg 2004, S8

[5] Vgl. Zhabzev, Vladimir: Vsemirnaja Istoriya Iskusstva (Kunstgeschichte der Welt). Minsk 2011, S 76

[6] Vgl. Prölss, Robert: Geschichte der dramatischen Literatur und Kunst in Deutschland von der Reformation bis auf die Gegenwart, Bd. 1. Leipzig 1883, S 25-91

Die Gewohnheit der Menschen, die sich innerhalb mehreren Jahrhunderten entwickelt und in den Köpfen festgesetzt hat, religiös zu denken und so die Gefühle und Protests zum Ausdruck zu bringen, führte dazu, dass selbst während des revolutionären Aufschwungs häufig neue Konzepte und radikale Forderungen weiterhin in religiöser Form aufgestellt wurden. Der Mensch neigte noch immer in verschiedenen Formen religiöser Überzeugungen nach Inspiration zu suchen.

Am Beispiel von werken vieler Künstler des 15. Jahrhunderts kann man nachvollziehen, wie sich die Renaissance in Deutschland entwickelt hat. In Altarbildern zum Beispiel, erscheinen narrative Elemente, die den Wunsch repräsentieren, Gefühle und wissenschaftliche Fragen durch religiöse Motive auszudrücken. Aber das Verständnis von Proportionen-, Größen- und Raumverhältnissen, die Einführung von goldenen Hintergründen, die Aufteilung von Gemälden und Gravuren in Fragmente und die unregelmäßigen Linienbrüchen, deuten auf einen Mangel an Konsistenz in der künstlerischen Weltanschauung und eine enge Verbindung mit der mittelalterlichen Tradition hin.

Eine Religiosität vom höchsten Grad hat die Deutschen zur Reformation geführt und einen großen Einfluss auf die Kunst gehabt. Die Idee der göttlichen Harmonie und Gnade auf der ganzen Welt hat sich auf jedes Objekt der darstellenden Kunst ausgefächert.

> Aber die Gesinnung, welcher die Reformation entsprungen ist, durchdringt auch die deutsche Kunst jener Zeit, ersetzt ihr an geistigen Gehalt , was ihr an formaler Vollendung fehlt, und so wahr die Reformation als die eigentliche That des deutschen Geistes dasteht, so wahr ist die deutsche Kunst der Reformationsepoche im höchsten Sinne national.[7]

Auch Dürer strebt an, ein ideales und ästhetisch schönes Bild zu schaffen, referiert jedoch gleichzeitig auf naturalistische Details und gotischen Ausdruck von Formen.[8]

> Gotische Formgebilde haben Dürers erste künstlerische Eindrücke bestimmt. [Sie]lag[en] ihm im Blute, sie hatte[n] ein Wort mitzusprechen [...] Tema con variazioni. Die Gotik und [ihr] Formwille ist das [...] Thema, dem [...] neue Abwandlungen geschaffen werden. Der Unterschied ist nur, daß bei einer Variationenfolge die Stücke gleichwertig nebeneinanderstehen und ihrer keins das Thema zu verleugnen sucht. Bei Dürer hingegen ist es ein stetes Darüberhinauswollen, ein ewiger Kampf mit der Gotik. Deutschlands größester Künstler hat zeitlebens gerungen mit Deutschlands ältesten Kunstüberlieferungen[9]

---

[7] Ranke, Leopold Von: Deutsche Geschichte im Zeitalter der Reformation, Bd. 3. Berlin 1840; S 598
[8] Vgl. Wölfflin, Heinrich: Die Architektur der deutschen Renaissance. München 1914, S 5,7,9-11
[9] Pastor, Willy: Das Leben Albrecht Dürers. Berlin 1923, S 11; Gutenberg: https://www.projekt-gutenberg.org/pastor/duerer/chap003.html, Last access 14.03.2021

Dürers Karriere fiel mit dem Höhepunkt der deutschen Renaissance zusammen, deren komplexer, weitgehend disharmonischer Charakter seine gesamte Kunst prägte. Seine Kunst sammelt in sich die viele deutsche künstlerischer Traditionen.

Wenn wir uns Dürer vom Standpunkt der modernen Kunsttheorie nähern, das heißt, der Theorie der Ästhetik stellt es sich heraus, dass Dürers Kunsttheorie zusätzlich mit anderen Ansichten verbunden ist, die in seinen beiden theoretischen Hauptbüchern zum Ausdruck kamen[10]: *Vier Bücher über menschliche Proportionen* von 1528 und *Underweysung der messung, mit dem zirckel und richtscheyt, in Linien, ebnen unnd gantzen corporen* von 1525. Laut Dürer definierte die Renaissance den Begriff der Kunsttheorie anders, das heißt abgesehen von der Ästhetik war ebenfalls die Theorie der Perspektive und Proportionen darin enthalten. Die Theorie der bildenden Kunst der Renaissance ist in ihrem Zweck und in ihrer Methode sehr heterogen, insbesondere bei Dürer.

Die Untersuchung der Proportionen des menschlichen Körpers in Albrecht Dürers Kunst ist für das Verständnis von Harmonie in der darstellenden Kunst wichtig, um die Theorie der Maßverhältnisse weiterzuentwickeln. Die Kenntnis der Proportionen einer Person, die im grafischen und wissenschaftlichen Bereichen von Dürer vertreten sind, ist wichtig, um junge Künstler in allen Phasen der theoretischen Ausbildung zu unterrichten. Dieses Wissen wird bei der Ausführung von praktischen Aufgaben gefestigt.

Bei der Entwicklung und Herstellung von Objekten in der Architektur, im Design und von Werken der bildenden und dekorativen Kunst ist die Proportionalitätstheorie einer der Faktoren mit dem die Harmonie in Werken erreicht wird. Bei der Lösung dieser Aufgabe sollten die Kriterien für die noch zu verbessernden Maß- und Größenverhältnisse aus unterschiedlichen Sichtpunkten angegeben werden.

[10] Vgl. Panofsky Erwin: Dürers Kunsttheorie: vornehmlich in ihrem Verhältnis zur Kunsttheorie der Italiener. Berlin 1915, S 1-6

3. Dürer Rezeption durch Wissenschaftler

3.1. Achtzehntes Jahrhundert

Im achtzehnten Jahrhundert machte Johann Gabriel Doppelmayr in seinem Werk *Historische Nachricht von den nürnbergischen Mathematicis und Künstlern* auf die Figur Dürers aufmerksam und versuchte, seine Person als Wissenschaftler und als Künstler zu beschreiben.

> Die Geometrie haben ebenfalls verschiedene Nürnbergische Verehrer der Mathemarique durch Ihren beikommenden Fleiß zu erheben bestens getrachtet, auch einige in der That, was feines darinnen Präsentiert [...] Der Optic, absonderlich aber darinnen der Perspectiv, haben sich auch verschiedene Liebhaber [...] mit vielen Fleiß ergeben, nachdeme Albrecht Dürer derselben Grunge richtig gezeiget, und am ersten Perspectiv-Instrumenta zu dern Beförderung ausgefunden.[11]

Zunächst verbindet hier Johann Doppelmayr die wissenschaftlichen Disziplinen mit der darstellenden Kunst, wie Malerei, Zeichenkunst und Kupferstich, und nennt Dürer unter den vielen, die zur Entwicklung beigetragen haben.[12] Er lobt deren Erfolge und bezeichnet Albrecht Dürer als Innovator im Bereich Perspektive und nennt ihn sogar zum dritten Mal in seinem Buch unter den Architekten.[13] „Von den Künstlern, welche die Bau Kunst wohl verstanden".[14] Ebenfalls benennt er seine Erfolge in der militaristischen Architektur,[15] die an sich die Bauwissenschaft und Baukunst in sich vereint. In diesem Werk von Doppelmayr lässt sich eine Tendenz verfolgen, nach welcher Albrecht Dürer sich von vielen Wissenschaftlern inspirieren ließ und so seine Werke, sei es Kunst oder Architektur, verbessert hat.[16]

Insbesondere beschreibt Doppelmayr neben der darstellenden Kunst, Dürers mathematische, astronomische, Gebäudebau technische Erfolge und seine bedeutenden Beitrag zur Untersuchung und Erlernung von Perspektive, nämlich das von ihm entwickelte optische Instrument.[17] Das Erlernen der von anderen Disziplinen und das Lernen von anderen Wissenschaftlern und Künstlern, das Sammeln der Inspiration, die

[11] Doppelmayr, Johann Gabriel: Historische Nachricht von den Nürnbergischen Mathematicis und Künstlern. Nürnberg 1730, S XXX-XXXi
[12] Vgl. Doppelmayr 1730, S XXXVII
[13] Vgl. Doppelmayr 1730, S XXXV-XXXVI
[14] Ibid
[15] Ibid
[16] Vgl. Doppelmayr 1730, S 44, 66
[17] Vgl. Doppelmayr 1730, S 153-167

Einbindung dieser Kenntnisse, wie etwa der Mathematik,[18] in die darstellende Kunst – all dies und die Tatsache das Dürer der Jüngere die Frage der Perspektive zum Untersuchungsgegenstand, und somit zur Wissenschaft seiner Zeit, gemacht hat und Lehrmaterial dazu publiziert hat, spricht dafür, dass er den Verstand eines Wissenschaftlers gehabt hat. Ebenfalls ist es ein Zeichen dafür, dass im achtzehnten Jahrhundert Dürer als Innovator und Revolutionär in Bereichen der Kunst und der Wissenschaft angesehen und empfunden wurde.

3.2. Neunzehntes Jahrhundert

3.2.1. Baukunst

Im neunzehnten Jahrhundert präsentierte Friedrich Engels, ein anderes Themenspektrum in seinem Artikel zur Militärgeschichte „Fortifikation". Obwohl das Thema weit entfernt zu sein scheint, kann man bei näherer Betrachtung einen klaren Zusammenhang zwischen dieser Arbeit und den wissenschaftlichen Aktivitäten von Albrecht Dürer erkennen.

Engels erklärt die Lehre der Fortifikation, die in drei Arten aufgeteilt werden kann. Es gäbe die Permanente oder die Langzeitfortifikation, eine temporäre Befestigung eines Gebäudes je nach Bedarf und Zweck der geplanten Kampagne und die Kunst der richtigen Belagerung.[19]

Im Wesentlichen referiert Engels auf Dürers Beiträge für die permanente Befestigung von Bauten. Hier schreibt er von der Palisade oder auch „Stockade, die bis in das achtzehnte Jahrhundert noch bei den Türken das nationale Verteidigungssystem war (Palanka).[20] Diese Weise der Befestigung wurde mir der Zeit durch hohe Steinwände, Geländer und eine zweite Verteidigungslinie, wie etwa im griechischen Akropolis, modifiziert.[21] „In der Zeit vom vierzehnten bis zum Sechzehnten Jahrhundert einschließlich haben sich die Angriffsmethoden auf Militärische Objekte wegen Artillerieeinsatz sehr verändert."[22]

---

[18] Vgl. Doppelmayr 1730, S 184

[19] Vgl. Marx, Karl u. Friedrich Engels: Karl Marx and Frederick Engels Collected Works, Bd. 18: Marx and Engels: 1857-1862. Lawrence & Wishart, 1982, S 317. Project MUSE muse.jhu.edu/book/33020. Last access 16.03.2021

[20] Vgl. Marx, Karl u. Friedrich Engels, 1982, S 317 – Übersetzung des Autors

[21] Vgl. Marx, Karl u. Friedrich Engels, 1982, S 317-318

[22] Vgl. Marx, Karl u. Friedrich Engels, 1982, S 318 – Übersetzung des Autors

Daniel Specklin hat in *Architectura vou Vestungen*[23] ein System Von Modifikationen entwickelt. Die Türmer bekamen dickere Wände für Verteidigungsartillerie. Diese Türmer nannte man *rondelli.*[24] Albrecht Dürer hat diese Konstruktion wesentlich verbessert. Er baute sie als voneinander „unabhängige Forts aus, die in regelmäßigen Abständen entlang der Mauer mit Artillerieeinheiten standen, [...] um den Graben in Längsrichtung zu beschießen. [...] Um die Verteidigung des Grabens zu stärken, schlug er *caponnières* vor, [...] die vor den Angreifern verborgen blieben und Embrasuren [...] um den Raum zwischen Burgecken zu decken“[25] und für Flankenfeuer zu sorgen. Eine solche Struktur von Festungen, bei der die Festungswände sich mit dem Umriss des Polygons komplett decken und der Wassergraben von den *caponnières* beschützt wird, bildet die Grundlage der sogenannten polygonalen Befestigung.[26]

Diese Erfindungen bedürfen ein geometrisches Können. Dürers Modifikationen sind somit ein Zeichen dafür, dass er an die Befestigungskunde analytisch herantrat und vor der Anfertigung der Skizzen die Einzelheiten, sowohl visuell, als auch unter Betrachtung der Kriegsführungskunst untersucht hat.

3.2.2 Geometrie

Alle Arbeiten von Dürer sind von Mathematik durchdrungen. Dies zeigt sich nicht nur in der geometrischen Korrektheit des Raumbildes und der betonten Verhältnismäßigkeit von Figuren und Objekten in seinen Gemälden, Gravuren und Zeichnungen, sondern auch in seinen gedruckten Werken, Tagebüchern und Briefen. Er hat schon sehr früh angefangen nach der genauen Formel der Schönheit zu suchen und war zuversichtlich, dass es mit Hilfe von numerischen Beziehungen und geometrischen Konstruktionen Perfektion in der künstlerischen Darstellung erreicht werden kann.[27]

Dürers Interesse an Mathematik war jedoch viel tiefer als die beruflichen Bedürfnisse eines Renaissancekünstlers verlangten. Er behandelte die Mathematik als kreativ arbeitender Wissenschaftler, und seine Ergebnisse gingen in die Geschichte der Mathematik ein. Laut Leonardo Olschki

---

[23] Specklin, Daniel: *Architectura vou Vestungen.* Strassburg 1608
[24] Vgl. Marx, Karl u. Friedrich Engels, 1982, S 318-319
[25] Vgl. Marx, Karl u. Friedrich Engels, 1982, S 319 – Übersetzung des Autors
[26] Vgl. Marx, Karl u. Friedrich Engels, 1982, S 332
[27] Vgl. Wölflin, Heinrich: Die Kunst Albrecht Dürers. München 1919, S 296, 306

„Kein Maler und Techniker der Renaissance gelangte jemals zu so hohem und allgemeinen Ruhme als Mathematiker wie Albrecht Dürer.“[28]

Dürer war ein Beispiel für die Synthese von Kunst und Mathematik, ähnlich dem Zeitgenossen Leonardo da Vinci. Der Mathematikhistoriker Georg Zeuthen bemerkte, dass Dürer „mit einem künstlerischen Genie ein wissenschaftliches Talent in sich vereinen konnte. Er war sich geometrischer Konstruktionen bewusst[, gab] Epizykloide und [...] komplexere Kurven an [und] mathematische Regeln für die Perspektivlehre zu.“[29]

Dürer nimmt in den fünfzehnten und sechzehnten Jahrhunderten in Europa einen Ehrenplatz unter den Mathematikern Europas ein. Die Geometrie zog seine Aufmerksamkeit auf sich, während andere Wissenschaftler dieser wenig Aufmerksamkeit schenkten. Eine wissenschaftliche Analyse der von Dürer erzielten Ergebnisse erfolgte jedoch im neunzehnten Jahrhundert. Der Geometer und Historiker Michel Chasles der Mathematik und Geschichte miteinander verband, versuchte in seinem Werk auch Dürers Tätigkeitsgebiete zu verbinden. Er schrieb: „Das 15te Jahrhundert liefert uns zwei berühmte Maler, Albrecht Dürer und Leonardo da Vinci, welche auch zu den gelehrtesten Geometern ihrer Epoche gezählt werden müssen.“[30] In seinem ersten Werk zu Geometrie für Maler und Architekten beschreibt Dürer das Verstehen und Konstruieren von Linien und Figuren.[31]

Dürers Erfolge in der Kurventheorie wurden zur Kenntnis genommen. Seine Entdeckungen in diesem Bereich wurden ausführlich diskutiert und ausgearbeitet. Die Ergebnisse von Dürers Arbeiten werden in vielen Kursen zur Geschichte der Mathematik erwähnt.

Sein erstes Buch beginnt mit den Worten:

> Der aller scharff sinnigst Euclides hat den Grund der Geometria zuosamen gesetzt wer den selben woll versteht der darff dieser hernach geschrieben ding gar nit dann sie sind alleyn den iungen und denen so sonst niemandt haben der sie trewlich vnderweyst geschryben.“[32]

---

[28] Olschki, Leonardo: Geschichte der neusprachlichen wissenschaftlichen Literatur, Bd. 1. Heidelberg 1919, S 414

[29] Zeuthen, Georg: Histoire Des Mathématiques Dans L'Antiquitéet Le Moyen Age. Paris 1902, S 285-286

[30] Sohncke, Ludwig Adolf: Geschichte der Geometrie, hauptsächlich mit Bezug auf die neuen Methoden Von Chasles. Halle 1839, S 623-624

[31] Ibid

[32] Dürer, Albrecht: Underweysung der Messung, mit dem Zirckel und Richtscheyt, in Linien, Ebenen unnd gantzen corporen. Nürnberg 1525, S 2

Die Tatsache, dass er die von Euklid nachgewiesenen Vorschläge zur Lösung der Probleme des Künstlers akzeptiert, wird durch seine Schriften belegt. Ebenfalls bezieht er sich oft auf Vitruv und bestätigt, dass er ihn gelesen hat und auch diejenigen, die etwas über die Kunst der Darstellung des menschlichen Körpers wissen wollen fordert er dazu auf: „wie alt nun diese Kunst sei, wer sie zuerst erfunden habe, in welchem Ansehen und Würden sie [...] gestanden und wie ein guter Maler oder Wekmann dazu herangebildetwerden soll [...] Wer aber davon Kenntniss zu haben begehrt, der Lese den [...] Vitruvius“.[33]

3.3. Zwanzigstes Jahrhundert

Dank der Kommunikation mit Humanisten, die sich für verschiedene Wissenschaften interessierten und die Werke antiker Autoren gut kannten, konnte sich Dürer mit den Lehren antiker Autoren vertraut machen.

Alle Werke von Dürer, die uns erreichen konnten, zeugen von einem mathematischen Verständnis. Zwei davon, *Die Vier Bücher Von Menschlicher Proportion* und, *Die Underweysung der Messung...* wurden als mathematische Handbücher für Künstler konzipiert, die eine vollständige Ausbildung suchten. Das dritte *Etliche vnderricht, zu befestigung der Stett, Schloß vnd Flecken,* das der Fortifiktion gewidmet ist, richtet sich an einen mathematisch versierten Leser.

Die Underweysung... war das erste Geometrie-Lehrbuch in Deutschland und war von größter Bedeutung, weil Dürer es in einer einfachen Sprache verfasst hat und es auf ein Publikum abgesehen hat, das mit Latein nicht vertraut war. Somit kann man Dürer als den Erfinder der deutschen geometrischen Terminologie betrachten. In diesem Werk mied er Fremdwörter und versuchte, geometrische Konzepte mit gängigsten deutschen Ausdrücken zu beschreiben. In allen Teilen des Werks geht er auf Fragen ein, die Ihn nicht nur als Künstler, sondern auch als Mathematiker interessieren. Abgesehen von Beschreibungen von Linien, Ecken und Oberflächen, löst er Probleme. In *Vier Bücher...* geht Dürer auf wichtige Fragen und Probleme der Geometrie, wie das Problem der Unendlichkeit, Parallelität, die Konstruktion von Kurven mit Tangenten,

[33] Thausing, Moriz: Dürers Briefe, Tagebücher und Reime nebst einem Anhang von Zuschriften an und für Dürer. In: Eitelberger v. Edelsberg, R. (Hg.): Quellenschriften für Kunstgeschichte und Kunsttechnik des Mittelalters und der Renaissance. Wien 1872, S 66

Konstruktion von geometrischen Figuren und Körper, menschlicher Körper und Schatten usw. ein. Ebenfalls berücksichtigt er das Problem der Konstruktion von geraden und unregelmäßiger Körpern. Bei vielen Fragen zeigte er Originalität und nicht standardisiertes Denken.[34]

Viel tiefer als im Artikel von Strick wird Albrecht Dürer als Wissenschaftler in der Monographie von Matvievskaya untersucht. Sie untersucht vor allem seine krummen Linien und vieleckige Figuren, und schlägt teilweise Lösungen zu einigen Problemen der Antike vor. Sie Schreibt darüber, dass die Studien von Dürers Kunsttheorie, die zum Ende des neunzehnten Jahrhunderts anfingen, am Anfang des zwanzigsten Jahrhunderts sich hauptsächlich auf die Perspektive und Proportionen Dürers konzentrierten. Forscher, die anfangs nur die veröffentlichten Aufsätze von Dürer untersuchten, wandten sich im zwanzigsten Jahrhundert zu seinen unveröffentlichten Werke und den Skizzen, um die Beziehung zwischen theoretischen und künstlerischen Werken aufzudecken. Die Untersuchung von unveröffentlichten Notizen und die Analyse von Gemälden, Gravuren und groben Skizzen ermöglichten es laut Matvievskaya, nach und nach herauszufinden, wann Dürer sich für die Perspektiventheorie interessierte, aus welchen Quellen er Wissen schöpfte und welche Methoden er in seiner Arbeit verwendete, und vor allem, wie er im Laufe der Zeit seine Herangehensweise änderte.[35] Für Forscher in diesem Jahrhundert war es wichtig den Entwicklungsprozess von Dürer nachzuvollziehen. Einer der Gründe dafür ist, Dürer als Wissenschaftler zu beweisen.

Das große Interesse an Regeln und allgemein an mehreckigen Figuren zeigt sich in der Renaissance, bei Architekten, Kunsttheoretikern und Künstlern. „Die Konstruktion regelmäßiger Polygone, und besonders des Fünfecks, ist in jener Zeitwende keine Spielerei, sondern eine notwendige Voraussetzung des Festungsbaues, dessen Ausführung allgemein den bildenden Künstlern anvertraut war“[36] Albrecht Dürer befasste sich mit Methoden zur Konstruktion von regelmäßigen Sechs-, Acht-, Zehn- und Zwölfecken. Leonardo Olschki betont, dass Dürer sich dafür sowohl aus praktischen Gründen, als auch aus mathematischem Eigeninteresse interessierte.

---

[34] Vgl. Strick , Heinz Klaus: Albrecht Dürer (1471–1528): Künstler und Mathematiker in: der Mathematische Monatskalender. Leverkusen 2008. https://www.spektrum.de/wissen/albrecht-duerer-1471-1528/947214, Last Access 20.03.2021

[35] Vgl. Matvievskaya, Galina: Albrecht Dürer – Uchenyj 1471-1528. Moskau 1987, S 175-176

[36] Olschki, Leonardo: *Geschichte der neusprachlichen wissenschaftlichen literatur* Heidelberg 1919, S 428

Alle Mathematiker bezogen sich auf Dürers Konstruktionen und zogen seine Methoden anderen vor, die besser für die Praxis geeignet waren, obwohl sie klar sahen, dass seine Berechnungen lediglich als Annäherungen angestellt wurden.

Die Wissenschaftler des Zwanzigsten Jahrhunderts kommen zur Ansicht, dass die von Dürer vorgeschlagene geometrische Methode, die einfach und sogar für Laien zugänglich ist, zur beliebtesten wurde und andere Methoden verdrängte, die genauer waren und eine spezielle theoretische Ausbildung erforderten. Insbesondere erfolgt eine solche Rezeption von Dürer als Künstler und Wissenschaftler im zwanzigsten Jahrhundert auf der Basis von wissenschaftlichen Ansichten, die etwa ein Jahrhundert nach Dürer entstanden sind. Galileo Galilei bezieht sich auf Dürer mit eben diesen beiden Bezeichnungen.[37]

Aus der Sowjetunion leistete Wernadskij seinen Beitrag mit seinem Werk zur Wissenschaftsgeschichte, in dem er eine allgemeine Beschreibung von Albrecht Dürer niederlegt, seinen wissenschaftlichen Werken besondere Aufmerksamkeit widmet und diese analysiert. Bei seinen Zeitgenossen war Dürer beliebt und seine Ansichten und Meinungen wurden berücksichtigt. Dürer hatte ein Problem mit der Quadratur des Kreises. Wernadskij schrieb, dass man bei näherer Betrachtung der Geschichte der Mathematik bis hin zur Mitte des achtzehnten Jahrhunderts leicht erkennen kann, wie bedeutend und fruchtbringend die Frage nach der Quadratur des Kreises für das Erreichen wissenschaftlicher Lösungen war. Eine Mehrzahl von Wissenschaftlern und Denkern bemühte sich eifrig um die Lösung dieses Problems und machten dabei eine Reihe der größten Entdeckungen. In diesem Bestreben unterteilten sie Mathematik in neue Unterbereiche, und im neunzehnten Jahrhundert waren sie in der Lage zu bestätigen, dass Dürers Problem mit der Quadratur des Kreises nicht zu lösen ist.[38]

Im zwanzigsten Jahrhundert und bis heute erklären Wissenschaftler das große Interesse an der Mathematik, das Dürer als Vertreter der bildenden Kunst während der Renaissance zum Ausdruck in seinen Werken brachte, mit dem Wunsch, dem künstlerischen Handwerk eine wissenschaftliche Grundlage zu geben. Die strengen Gesetze der Mathematik ermöglichten es ihrer Meinung nach, die Bedingungen für die ästhetische Perfektion eines Werkes aus Architektur, Malerei und Skulptur zu entwickeln.

---

[37] Vgl. Galilei, Galileo: Le Opere Di Galileo Galilei Bd 1, 500. Edition. Firenze 1890

[38] Vgl. Vernadskij, Vladimir: Trudy po Vseobshej Istorii Nauki. Moskau 1988, S 68-69

Das wichtigste für die Künstler der Renaissance war nach Meinung unserer Zeitgenossen, praktische Regeln für die perspektivische Darstellung von Objekten in einem Gemälde mit Hilfe visueller und genauer geometrischer Konstruktionen zu entwickeln, die mit der Proportionstheorie verbunden sind. Dies verlieh der Arbeit eine realistische Glaubwürdigkeit.

Matvievskaya merkt in Dürers Stichen *Der heilige Hieronymus im Gehäus* und *Melancolia I*, dass der Künstler ein Beispiel für die Konstruktion räumlicher Objekte mit Hilfe der zentralen Perspektive setzt, wodurch eine enorme künstlerische Wirkung erzielt wird. Zahlreiche darstellenden Werke Dürers, die die Perspektiventheorie thematisieren, stammen aus der gleichen Zeit. Ebenfalls merkt sie an, dass am Ende von Buch Vier der *Underweysung...* löst Dürer das Problem der Konstruktion eines Schattens welcher von einem Würfel projiziert wird. Dürer gäbe auch eine perspektivische Konstruktion des Parkettbodens an und schlage eine Methode zur Transformation flachen Figuren vor.[39]

Während *Der heilige Hieronymus im Gehäus,* aus dem Blickwinkel der Lehre über Perspektive, ein ideales Musterbeispiel ist und als Lehrmaterial genutzt werden kann, gibt es Beispiele in Dürers Kunst, die auf den ersten Blick als ein Zeugnis von Abwesenheit dieser Theorie gedeutet werden könnten. Der *Paumgartner-Altar* wirft mit der Anlage der Gebäude und Größenverhältnissen viele Fragen auf. Der Symbolismus der durch folgende beabsichtigten Abweichungen präsentiert wird, sei dahingestellt. Während einzelne Charaktere im Verhältnis zur Umgebung kleiner dargestellt sind, folgen diese dennoch den Linien der Perspektive. Gegen der Perspektive ist die Überdachung über Marias Kopf. Ob das eine Umrahmung ist, die auf ein Bild im Bild anspielt, ist bis dato ein Diskussionsfrage. Was tatsächlich ersichtlich ist, ist die Tatsache, dass Albrecht Dürer dadurch seine „Auseinandersetzung mit den Problemen der Perspektive“[40] präsentiert und unter anderem auch sein Können zeigt, mit Proportionen und Perspektive Räume erzeugen zu können.

Dürer war der erste, der die Perspektiventheorie systematisch in deutscher Sprache präsentierte. Im zwanzigsten Jahrhundert lässt sich erkennen, dass sämtliche Autoren zahlreicher Werke zur Perspektive, die im sechszehnten Jahrhundert in Nürnberg und auch in anderen Städten Deutschlands veröffentlicht wurden,

[39] Vgl. Matvievskaya, 1987, S 177-178 – Übersetzung des Autors

[40] DIE PINAKOTHEKEN: Paumgartner-Altar: Geburt Christi. https://www.pinakothek.de/kunst/albrecht-duerer/paumgartner-altar-geburt-christi. Last Access 26.03.2021

unter seinem Einfluss standen. Historiker beurteilen die Erfolge Dürers und weisen ihm einen bedeutenden Platz in der Entwicklung der deskriptiven Geometrie zu. Durch Panofsky wird es angemerkt, dass Dürer zusammen mit der Theorie der Perspektive die Methoden zur Darstellung von spiralartigen Linien und konischen Schnitten in orthogonalen Projektionen erklärte. Und obwohl er keine allgemeinen Modelle vom Design angab, zeigte am Ende er laut Panofsky, dass diese Theorie

> keine technische Disziplin ist, die für immer dazu bestimmt ist, der Malerei oder Architektur untergeordnet zu sein, aber eine wichtige Abzweigung der Mathematik, die in der Lage war sich zu der sogenannten allgemeinen projektiven Geometrie zu entwickeln.[41]

Dürer verband Handwerk mit Wissenschaft und konzentrierte sich auf die Lösung von praktischen Problemen. Viele berühmte Renaissancekünstler richteten sich auf eine universelle Kultur der Kunst, die Ideen des Humanismus und praxisorientierte wissenschaftliche Erkenntnisse in sich trug. Im Zentrum der kunstrelevanten Wissenschaften stand die Mathematik, die zur Hauptlehrquelle für die Künstler wurde. Die Geometrie wurde als eine Abzweigung der Mathematik angewandt, die räumliche Strukturen, Beziehungen und deren Verallgemeinerungen untersuchte. Dürers Lehre der Perspektive hat große Spuren in der Wissenschaft hinterlassen. Auf diese Arbeit wird auch heute oft Bezug genommen.

Cantor hat in Dürers *Underweysung*... eine weitere wissenschaftliche Eigenschaft von Dürer bemerkt.

> In der Widmung meint Dürer, es gebe recht viele im Uebrigen ganz geschickte Maler in Deutschland, welche Mancherlei ganz falsch zeichneten, auch ihreSchüler es so machen lehrten, als wenn sie Wohlgefallen an ihrem Irrtum hätten, während doch die alleinige Ursache sei, dass sie die Kunst der Messung nicht gelernt haben, ohne die kein rechter Werkmann werden oder sein könne.[42]

Sein Leitfaden, der technisch bereits ein Lehrbuch seiner Zeit ist, sollte aller Vermutungen nach auch Anweisungen geben, wie die entsprechenden Disziplinen zu lehren sind. Dies ist ein weiteres Zeichen vom akademischen Geschick von Albrecht Dürer dem Jüngeren.

---

[41] Panofsky, Erwin: The Life and Art of Albrecht Dürer. Princeton, New Jersey 1955, S 253

[42] Cantor, Moritz: Vorlesungen über Geschichte der Mathematik, Bd. 2 von 1200-1668. Leipzig 1892, S 422

4. Konklusion

Eine Analyse von Dürers Erbe auf dem Gebiet der exakten Wissenschaften lässt den Schluss zu, dass Kunst für Ihn untrennbar von der Wissenschaft existierte. In der Persönlichkeit Dürers lässt sich durch zahlreiche Studien von eher im Text erwähnten Wissenschaftlern ein Leitmerkmal feststellen, das für die Köpfe seiner Zeit charakteristisch ist. Dies ist eine außerordentlich weite Bandbreite von Interessen, die sich gleichzeitig an Kunst und Wissenschaft richten und in der Renaissance als eng verwandte Bereiche der spirituellen Aktivität eines Menschen verstanden wurden, der zu lernen und zu schaffen wusste. In Kombination mit seiner künstlerischen und wissenschaftlichen Wahrnehmung und seinem Talent, kam Dürer zu wirklich bemerkenswerten Ergebnissen der Renaissance.

In dieser Arbeit wurde Rezeption von Dürer durch Wissenschaftler des achtzehnten, des neunzehnten und des zwanzigsten Jahrhunderts vorgestellt und analysiert. Durch die Herangehensweise der Wissenschaftler dieser drei Jahrhunderte an Dürer wird offengelegt, dass er durch seine Erfolge, Werke und die Art, wie er diese vollbracht hat und sich Wissen angeeignet hat, eine vielseitige, systematische, konstruktive und zielgerichtete Vorstellung von Kunst hatte. Die bereits genannten Wissenschaftler aller drei Perioden verbinden Dürers darstellende Kunstwerke, wie Kupferstiche und Ölgemälde, kartografische und architektonische Skizzen, untereinander. Sein mathematischer Perfektionismus aus seinen Schriften, spiegelt sich in allen seinen Arbeiten wieder.

Dürer war von geometrischer Korrektheit, Klarheit und Raffinesse angezogen. Er hatte ein besonderes Interesse an Mathematik und ging über das Standardwissen hinaus. Seine Zeitgenossen und Denker der darauf folgenden Epochen berichteten mit Respekt über Dürer als den Mathematiker. Seine theoretischen Arbeiten, wie man hier gesehen hat, wurden und werden zitiert und die von ihm entwickelten Methoden zur Darstellung von geometrischen Konstruktionen werden zwecks Entwicklung von eigenen Ideen angewandt. Dürer war nicht nur ein großer Künstler, sondern auch ein vielseitiger Wissenschaftler, der sich intensiv mit vielen aktuellen Problemen der zeitgenössischen Wissenschaft befasst hat. Diese spiegelten sich in seiner Kunst wider, in der er sich als Denker zeigte und nur das darstellte, was von ihm bis zum Ende durchdacht und verstanden wurde.

In der Wissenschaft suchte er nach Antworten auf Fragen, die sich aus dem Wunsch ergaben, die Gesetze der Harmonie in der Welt um ihn herum zu verstehen, die für ihn sowohl als professionellen Künstler als auch als kreativen Vertreter des Humanismus wichtig sind.

Dürer war kein gelehrter Wissenschaft. Jedoch mit bemerkenswerten Fähigkeiten und großer Sorgfalt konnte er nützliche Informationen aus allen ihm zur Verfügung stehenden Quellen entnehmen. Dies zeugt von einem wissenschaftlichen Geschick. Akademiker sämtlicher Jahrhunderte bis dato wiederholen sich in ihren Beobachtungen über Dürer. Die Anwendung von Dürers Theorien in der modernen Kunst und die Tatsache, dass wir Dürer noch immer untersuchen und studieren zeigt, dass diese Theorien nicht nur von großer ästhetischer Bedeutung für die Kunst sind, sondern auch eine große Rolle in der Ausbildung eines Künstlers spielen. Die Anwendbarkeit seiner Lehre in der modernen Zeit beweist, dass Dürer mit seinen Theorien Recht hatte und erfolgreich in der Kreation der, seiner Ansicht nach, perfekten Kunstformel war. Dies zeugt von Aktualität seiner Werke und Methoden. Die Rezeption einzelner Gravuren, Schnitte oder Gemälde mag sich durch die jeweiligen sozialen Prismen der Epochen geändert haben. Jedoch, hat diese Arbeit festgestellt, dass die Rezeption von Dürer als Individuum sich nicht geändert hat.

5. Literaturverzeichnis

Primärliteratur:

DÜRER, ALBRECHT: Underweysung der Messung, mit dem Zirckel und Richtscheyt, in Linien, Ebenen unnd gantzen corporen. Nürnberg 1525

Sekundärliteratur:

BARTETZKY, ARNOLD: Die Baumeister der "Deutschen Renaissance": ein Mythos der Kunstgeschichte? Markkleeberg 2004

CANTOR, MORITZ: Vorlesungen über Geschichte der Mathematik, Bd. 2 von 1200-1668. Leipzig 1892

DOPPELMAYR, JOHANN GABRIEL: Historische Nachricht von den Nürnbergischen Mathematicis und Künstlern. Nürnberg 1730

ENGELS, FRIEDRICH: Albrecht Dürer in: Michail Lipschitz (Hg.): Karl Marx, Friedrich Engels über Kunst und Literatur. Berlin 1953

GALILEI, GALILEO: Le Opere Di Galileo Galilei Bd 1, 500. Edition. Firenze 1890

MATVIEVSKAYA, GALINA: Albrecht Dürer – Uchenyj 1471-1528. Moskau 1987

OLSCHKI, LEONARDO: Geschichte der neusprachlichen wissenschaftlichen Literatur, Bd. 1. Heidelberg 1919

PANOFSKY ERWIN: Dürers Kunsttheorie: vornehmlich in ihrem Verhältnis zur Kunsttheorie der Italiener. Berlin 1915

PANOFSKY, ERWIN: The Life and Art of Albrecht Dürer. Princeton, New Jersey 1955

PRÖLSS, ROBERT: Geschichte der dramatischen Literatur und Kunst in Deutschland von der Reformation bis auf die Gegenwart, Bd. 1. Leipzig 1883

RANKE, LEOPOLD VON: Deutsche Geschichte im Zeitalter der Reformation, Bd. 3. Berlin 1840

SOHNCKE, LUDWIG ADOLF: Geschichte der Geometrie, hauptsächlich mit Bezug auf die neuen Methoden Von Chasles. Halle 1839

SPECKLIN, DANIEL: Architectura vou Vestungen. Strassburg 1608

THAUSING, MORIZ: Dürers Briefe, Tagebücher und Reime nebst einem Anhang von Zuschriften an und für Dürer. In: Eitelberger v. Edelsberg, R. (Hg.): Quellenschriften für Kunstgeschichte und Kunsttechnik des Mittelalters und der Renaissance. Wien 1872

TUCKERMANN, WILHELM: Die Gartenkunst der italienischen Renaissance-Zeit. Berlin 1884

VERNADSKIJ, VLADIMIR: Trudy po Vseobshej Istorii Nauki. Moskau 1988

WÖLFFLIN, HEINRICH: Die Architektur der deutschen Renaissance. München 1914

ZEUTHEN, GEORG: Histoire Des Mathématiques Dans L'Antiquitéet Le Moyen Age. Paris 1902

ZHABZEV, VLADIMIR: Vsemirnaja Istoriya Iskusstva (Kunstgeschichte der Welt). Minsk 2011

Internetquellen:

DIE PINAKOTHEKEN: Paumgartner-Altar: Geburt Christi. https://www.pinakothek.de/kunst/albrecht-duerer/paumgartner-altar-geburt-christi. Last Access 26.03.2021

KISLYKH, GALINA: Albrecht Dürer Und Seine Druckgraphiken. http://germanprints.ru/articles/durer_and_prints/index.php?lang=de. Last access 15.03.2020

MARX, KARL U. FRIEDRICH ENGELS: Karl Marx and Frederick Engels Collected Works, Bd. 18: Marx and Engels: 1857-1862. Lawrence & Wishart, 1982, S 317. Project MUSE muse.jhu.edu/book/33020. Last access 16.03.2021

PASTOR, WILLY: Das Leben Albrecht Dürers. Berlin 1923, S 11; Gutenberg: https://www.projekt-gutenberg.org/pastor/duerer/chap003.html, Last Access 14.03.2021

STRICK , HEINZ KLAUS: Albrecht Dürer (1471–1528): Künstler und Mathematiker in: der Mathematische Monatskalender. Leverkusen 2008. https://www.spektrum.de/wissen/albrecht-duerer-1471-1528/947214, Last Access 20.03.2021